NOVENA A
CRISTO PASTOR

Solange das Graças Martinez Saraceni

NOVENA A
CRISTO PASTOR

Paulinas

Dados Internacionais de Catalogação na Publicação (CIP)
Angélica Ilacqua CRB-8/7057

Saraceni, Solange das Graças Martinez
  Novena a Cristo pastor / Solange das Graças Martinez Saraceni. - São Paulo : Paulinas, 2025.
  104 p. (Coleção Confia em Deus)

ISBN 978-65-5808-339-9

1. Igreja Católica - Orações e devoções 2. Literatura devocional 3. Jesus Cristo I. Título II. Série

25-0049   CDD 242.72

Índice para catálogo sistemático:
1. Igreja Católica - Orações e devoções

1ª edição – 2025

Direção-geral: *Ágda França*
Editora responsável: *Marina Mendonça*
Copidesque: *Ana Cecilia Mari*
Revisão: *Sandra Sinzato*
Gerente de produção: *Felicio Calegaro Neto*
Produção de arte: *Elaine Alves*

Nenhuma parte desta obra poderá ser reproduzida ou transmitida por qualquer forma e/ou quaisquer meios (eletrônico ou mecânico, incluindo fotocópia e gravação) ou arquivada em qualquer sistema ou banco de dados sem permissão escrita da Editora. Direitos reservados.

Cadastre-se e receba nossas informações
paulinas.com.br
Telemarketing e SAC: 0800-7010081

Paulinas
Rua Dona Inácia Uchoa, 62
04110-020 – São Paulo – SP (Brasil)
📞 (11) 2125-3500
✉ editora@paulinas.com.br

© Pia Sociedade Filhas de São Paulo – São Paulo, 2025

SUMÁRIO

Congregação das Irmãs de Cristo Pastor 7

Sobre a novena 9

1º Dia Chamados à vida plena........................ 10

2º Dia Escolhidos e consagrados a Deus 18

3º Dia Chamados e congregados por amor.... 26

4º Dia Vocação à santidade 35

5º Dia Chamados ao seguimento
de Jesus Cristo 44

6º Dia Tornar-se discípulos de Cristo Pastor .. 52

7º Dia Viver como discípulos
de Cristo Pastor 60

8º Dia Viver, testemunhar e perseverar
nos passos do Cristo Pastor 69

9º Dia Celebrar a fé no Cristo Pastor.............. 79

Cantos 89

Orações a Cristo Pastor..................................... 91

Orações vocacionais 101

Congregação das Irmãs de Cristo Pastor

A Congregação das Irmãs de Cristo Pastor, "fundada, por inspiração divina, pelo Bispo Diocesano de Umuarama, Dom José Maria Maimone, sac (Palotino), aos 2 de fevereiro de 1980, na cidade de Tapejara, Diocese de Umuarama, Estado do Paraná, Brasil" (Const. Art. 1), tem como finalidade buscar a glória de Deus e a santificação de seus membros, por meio da entrega ao Cristo Pastor, que ama incondicionalmente seu rebanho, até a entrega da própria vida (Jo 13,1; 10,11).

As Irmãs de Cristo Pastor desenvolvem seu apostolado em pequenas comunidades, abertas e generosas aos apelos do Espírito Santo, expressos nos sinais dos tempos e manifestados pela autoridade eclesial. Nas ações apostólicas, procuram reproduzir as características de Cristo Pastor (cf. *Seguindo Cristo Pastor*, p. 47-51).

No exercício de sua vocação batismal e na vivência do carisma fundacional, cada Irmã assume em seu ser o dom pastoral. Como "pastoras", amam, buscam, amparam, zelam e cuidam do povo a elas confiado, no serviço do apostolado da evangelização e da promoção humana.

Sobre a novena

Todos os anos, as Irmãs de Cristo Pastor rezam em comunidade uma novena em honra a Cristo Pastor, em preparação ao quarto domingo da Páscoa – dia em que a Igreja celebra o domingo do Bom Pastor e, também, o Dia Mundial de Oração pelas Vocações. Nesse intuito, convidam todas as pessoas de boa vontade que queiram rezar com elas a novena. Além dos dias mencionados, a novena pode ser rezada em qualquer época do ano.

Pedimos que incluam as Irmãs de Cristo Pastor em suas orações, rezando pela santificação de seus membros, por perseverança e pelo aumento das vocações.

Juntos, rogamos a Cristo Pastor para que venha em socorro de nossas necessidades, em especial das "ovelhinhas" que mais necessitam de seus cuidados pastorais.

1º DIA

Chamados à vida plena

(Preparar um ambiente acolhedor que favoreça o espírito de oração: a imagem ou figura do Bom Pastor, Bíblia, vela, flores e um cartaz com o tema da novena.)

1. Acolhida

(Recomenda-se iniciar a novena com um canto de acolhida e motivar um momento de interação entre os participantes, em que todos possam ir ao encontro uns dos outros, saudando-se em um gesto de acolhida e comunhão fraterna.)

2. Oração inicial

Dirigente (D.): Deus, fonte e origem de nossa vida e missão, concedei-nos a graça de estarmos reunidos para rezar, como comunidade dos discípulos do Senhor, a novena em honra a Cristo Pastor. Iniciemos nosso encontro invocando a Santíssima Trindade.

Todos (T.): Em nome do Pai e do Filho e do Espírito Santo. Amém.

D.: Pela consagração batismal, tornamo-nos filhos e filhas de Deus. Como irmãos e irmãs em Cristo, somos chamados a manifestar o amor de Cristo Pastor, que foi derramado em nossos corações, pela unção do Espírito Santo.

T.: Cristo Pastor, Refúgio das ovelhas. Só estaremos seguros quando passarmos pela tua porta, ao som de tua voz e ao toque do teu cajado.

Cristo Pastor, guia-nos na direção correta para alcançarmos o caminho da salvação e da vida plena. Ao te seguir, encontraremos, embora não isentos das cruzes do dia a dia, o conforto, a alegria e a segurança de que tanto necessitamos.

Cristo Pastor, sabemos que podemos contar contigo, pois só tu és o Caminho, a Verdade e a Vida. Sustenta-nos com teu cajado para atravessarmos com segurança os obstáculos. Amparados por ti, alcançaremos a plenitude da vida.

Jesus Cristo, Bom Pastor, tu mesmo disseste que dá a vida por tuas ovelhas. Se for da tua divina vontade, tu que és o grande intercessor junto ao Pai, atende aos nossos pedidos, concedendo-nos a graça que tanto almejamos.

(Apresentar a sua intenção. Momento de silêncio.)

D.: Oremos. Ó Deus Pai, Pastor eterno, por meio de Jesus Cristo, o Cristo Pastor, aproximastes--vos de todos os homens e mulheres e revelastes o vosso amor eterno. Atendei às nossas orações para glória de Jesus Cristo, o vosso Filho, que convosco vive e reina para sempre. Amém.

Canto: À escolha.

3. Lendo a Palavra de Deus (Gn 1,26-28)

Leitor (L.): "E Deus disse: 'Façamos o ser humano à nossa imagem e semelhança. Que eles dominem os peixes do mar, as aves do céu, os animais domésticos e toda a terra e também os bichinhos que se remexem sobre a terra'. E Deus criou o ser humano à sua imagem, à imagem de Deus ele o criou, macho e fêmea os criou. E Deus os abençoou e disse: 'Sejam fecundos, multipliquem-se, encham a terra e a submetam. Dominem os peixes do mar, as aves do céu e todos os seres que se remexem sobre a terra'."

T.: Graças a Deus.

(Leitura orante silenciosa.)

D.: Quem quiser, poderá citar o versículo que mais lhe chamou a atenção, ou relacionar o texto a outras passagens bíblicas, como: Gn 2,18-24; Mt 19,5; Mc 10,8; Ef 5,31.

4. Meditando a Palavra de Deus

D.: O texto escolhido é o da primeira narração da criação do homem e da mulher. Deus, usando o plural magistral, interpretado por muitos teólogos como uma fala trinitária, faz o homem e a mulher à sua imagem e semelhança. Ao criá-los, Deus confia-lhes a missão de cuidar de toda a sua obra, concedendo-lhes a bênção da fecundidade, de modo a continuar a criação pela geração humana.

L2: Sendo a imagem e a semelhança de Deus, somos chamados a refletir em nosso ser e em nossas obras o seu rosto divino, que é amor.

L1: Sendo amor (1Jo 4,8), Deus nos criou para o amor (1Jo 4,7). A plenitude do amor é a vida eterna. Somos chamados à vida plena, a viver conforme Deus, amando e servindo o Criador no cuidado e respeito às criaturas, em especial, cuidando dos mais frágeis, como as crianças, os pobres, os enfermos, os idosos, os animais e a natureza. Cada um deve fazer a sua parte para preservar, cuidar e proteger a vida, pois de nós todos depende a existência, agora e nas futuras gerações.

L2: Deus ama tanto o ser humano que não o deixa isolado, mas cria para ele um paraíso (Gn 2,8). Mesmo quando o homem e a mulher abandonaram a Deus, ele não desistiu deles, mas foi ao seu encontro (Gn 3,9) e lhes deu uma nova alternativa (Gn 3,21). Deus nunca abandona suas criaturas (Ez 34,11); seu amor é eterno. Ele nos cerca de cuidado e proteção (Sl 8). O Senhor nos chama à vida, sua voz continua ecoando em nossos corações (Jo 14,6). Fomos criados para a vida plena (Jo 10,10), e não para a morte (Jo 15,6). Portanto, vivamos como filhos da luz (1Ts 5,5; Ef 5,8), pois o desejo de Deus é que tenhamos vida em plenitude, como disse Jesus, o Bom Pastor:

T.: "Eu vim para que tenham vida, e a tenham em abundância" (Jo 10,10).

Canto: À escolha.

5. Rezando a Palavra de Deus

D.: Neste momento, vamos fazer silêncio e rezar por todas as situações que carecem de cuidados. Em especial, rezemos por todos que se sentem ameaçados em sua dignidade, pelos povos originários, pelo planeta Terra, e pelos que vivem em contexto de guerras.

(Leitura orante silenciosa.)

D.: Confiantes, elevemos ao Cristo Pastor nossos pedidos.

(Preces espontâneas.)

T.: Cristo Pastor, atende-nos.

6. Vivendo a Palavra

D.: Deixemos que a Palavra de Deus nos interpele.

- O que significa ser imagem e semelhança de Deus?
- Que significado tem o mandato do Senhor para "sermos fecundos, multiplicar, submeter e dominar"?[1]
- O que significa sermos "chamados à vida plena"?

---

[1] Dominar, em sentido bíblico, significa "cuidar".

D.: Sugerimos que você escolha um versículo bíblico para meditar até o próximo encontro.

7. Oração final

D.: Chegando ao final do encontro de hoje, rendemos graças a Cristo Pastor, àquele que é fonte de toda a nossa vida e missão.

T.: Cristo Pastor, bom e amável, rendemos graças por nos conduzires ao caminho da vida, às belas e boas pastagens. Obrigado por estar sempre conosco, socorrendo-nos em nossas fraquezas, e por ser o grande intercessor, acolhendo as nossas súplicas.

Cristo Pastor, agradecemos-te pelo cuidado hospitaleiro e pastoral. Rogamos-te a proteção e o cuidado divinos, para que possamos caminhar na tua presença e sempre entrar e sair pela porta da salvação.

Jesus Cristo, Bom Pastor, obrigado pelo dia de hoje, pelas graças alcançadas e pelas futuras graças que, em tua misericórdia, receberemos por meio desta novena. Rendemos-te graças também pelas Irmãs de Cristo Pastor e rogamos-te para que o Senhor suscite vocações para esta Congregação e para a Igreja. Amém.

T.: Pai nosso…

D.: Glória ao Pai, ao Filho e ao Espírito Santo.

T.: Como era no princípio, agora e sempre. Amém.

D.: Confiemo-nos à valiosa intercessão de Nossa Senhora Pastora.

T.: Ave, Maria…

D.: Nossa Senhora Pastora.

T.: Rogai por nós.

D.: Estivemos reunidos em nome do Pai e do Filho e do Espírito Santo.

T.: Amém.

Louvado seja Nosso Senhor Jesus Cristo.

T.: Para sempre seja louvado.

Canto: À escolha.

2º DIA

Escolhidos e consagrados a Deus

1. Acolhida

(O dirigente ou o responsável da casa deve acolher os participantes de forma espontânea. Iniciar a novena com um canto. Preparar um ambiente acolhedor que favoreça o espírito de oração: imagem ou figura do Bom Pastor, Bíblia, vela, flores e um cartaz com o tema do dia.)

2. Oração inicial

Dirigente (D.): Deus, fonte e origem de nossa vida e missão, concedei-nos a graça de estarmos reunidos para rezar, como comunidade dos discípulos do Senhor, a novena em honra a Cristo Pastor. Iniciemos nosso encontro invocando a Santíssima Trindade.

Todos (T.): Em nome do Pai e do Filho e do Espírito Santo. Amém.

D.: Pela consagração batismal, tornamo-nos filhos e filhas de Deus. Como irmãos e irmãs em Cristo, somos chamados a manifestar o amor de Cristo Pastor, que foi derramado em nosso coração, pela unção do Espírito Santo.

T.: Cristo Pastor, Refúgio das ovelhas. Só estaremos seguros quando passarmos pela tua porta, ao som de tua voz e ao toque do teu cajado.

Cristo Pastor, guia-nos na direção correta para alcançarmos o caminho da salvação e da vida plena. Ao te seguir, encontraremos, embora não isentos das cruzes do dia a dia, o conforto, a alegria e a segurança de que tanto necessitamos.

Cristo Pastor, sabemos que podemos contar contigo, pois só tu és o Caminho, a Verdade e a Vida. Sustenta-nos com teu cajado para atravessarmos com segurança os obstáculos. Amparados por ti, alcançaremos a plenitude da vida.

Jesus Cristo, Bom Pastor, tu mesmo disseste que dá a vida por tuas ovelhas. Se for da tua divina vontade, tu que és o grande intercessor junto ao Pai, atende aos nossos pedidos, concedendo-nos a graça que tanto almejamos.

(Apresentar a sua intenção. Momento de silêncio.)

D.: Oremos. Ó Deus Pai, Pastor eterno, por meio de Jesus Cristo, o Cristo Pastor, aproximastes--vos de todos os homens e mulheres e revelastes o vosso amor eterno. Atendei às nossas orações para glória de Jesus Cristo, o vosso Filho, que convosco vive e reina para sempre. Amém.

Canto: À escolha.

3. Lendo a Palavra de Deus (Dt 7,6-8a; 14,2)

L1: "Você é um povo consagrado ao Senhor, o seu Deus, pois, de todos os povos que existem sobre o solo, foi você que o Senhor, o seu Deus, escolheu para que pertença a ele como povo de sua propriedade particular. Se o Senhor se afeiçoou a você e o escolheu, não é porque você é o mais numeroso entre todos os povos. Pelo contrário, você é o menor de todos os povos. Foi por amor a vocês e para cumprir a promessa que ele fez com juramento aos seus pais. Você é um povo consagrado ao Senhor, o seu Deus, pois, de todos os povos sobre o solo, foi a você que o Senhor escolheu para que pertença a ele como povo da sua propriedade particular".

T.: Graças a Deus.

(Leitura orante silenciosa.)

D.: Quem quiser, poderá citar o versículo que mais lhe chamou a atenção, ou relacionar o texto a outras passagens bíblicas, como: Gn 17,7-8.

4. Meditando a Palavra de Deus

D.: Tudo começou com o chamado que Deus fez a Abraão. Em um ato de fé, Abraão e Sara partem como resposta às promessas de Deus. Do mesmo modo, a fé é vivida pelos seus descendentes, os patriarcas e as matriarcas. Eles formaram o povo da promessa.

L2: Depois de muitos anos, seus descendentes se multiplicaram, mas a vida não foi fácil para eles, pois enfrentaram o peso do trabalho e da opressão. Entretanto, confiaram em Deus e tiveram a resposta esperada (Ex 3,7-10). Foram reunidos por Moisés para fazer a travessia, em resposta ao mandato de Deus.

L1: Deus, o Pai bondoso e Criador, os amou com amor eterno (Jr 31,3). Renovou a aliança com os descendentes de Abraão, pois os escolheu e se afeiçoou a seu povo, não porque tivessem algo de especial ou fossem maiores que os outros povos, mas porque os amou e foi fiel a suas promessas. O povo de Deus foi agraciado com o dom de ser luz das nações (Is 42,6; 49,6), e sobre ele Deus derramará o seu Espírito (Ez 36,27).

L2: São Pedro diz que os cristãos são o povo exclusivo de Deus (1Pd 2,9-12). Mediante o Batismo, tornamo-nos o povo de Deus (LG 2), enviados ao mundo para sermos luz das nações (LG 9). O próprio Jesus convida a sermos sal da terra e luz do mundo (Mt 5,13-16). Ele promete e envia o seu Espírito Santo, para que o Evangelho seja difundido até os confins do mundo, com a promessa de estar sempre conosco (Mt 28,16-20; Mc 16,16-20; Jo 14,16; At 2,1-13).

T.: "Tu és um povo consagrado ao Senhor teu Deus, e o Senhor teu Deus te escolheu para seres seu povo particular entre todos os povos que há na face da terra" (Dt 14,2).

L1: Deus chama e envia cada um individualmente e também como povo para viver e realizar a sua vontade, na obediência e fidelidade à sua Palavra. Ele nos reúne, assim como o pastor reúne suas ovelhas e atentamente observa o seu percurso, para proteger, curar as suas feridas e regressá-las ao redil (Jo 10,1-6; Lc 15,4-6). Deus nos ama e cuida de nós, pois somos o seu povo.

T.: Senhor, queremos nos transformar em homens e mulheres que vivem a força missionária do Batismo, pela vivência cotidiana do amor incondicional aos irmãos e irmãs que estão excluídos e marginalizados.

5. Rezando a Palavra de Deus

D.: Neste momento, em silêncio vamos rezar por todas as situações que carecem de cuidados. Em especial, rezemos para viver como povo de Deus, sal da terra e luz do mundo.

(Momento de silêncio.)

D.: Confiantes, elevemos ao Cristo Pastor nossos pedidos.

(Preces espontâneas.)

T.: Cristo Pastor, atende-nos.

6. Vivendo a Palavra

D.: Deixemos que a Palavra de Deus nos interpele.

- O que significa sermos povo consagrado a Deus?
- Como viver a vocação de ser luz das nações ("sal da terra e luz do mundo")?

D.: Sugerimos que você escolha um versículo bíblico para meditar até o próximo encontro.

7. Oração final

D.: Chegando ao final do encontro de hoje, rendemos graças a Cristo Pastor, àquele que é fonte de toda a nossa vida e missão.

T.: Cristo Pastor, bom e amável, rendemos graças por nos conduzires ao caminho da vida, às belas e boas pastagens. Obrigado por estar sempre conosco, socorrendo-nos em nossas fraquezas, e por ser o grande intercessor, acolhendo as nossas súplicas.

Cristo Pastor, agradecemos-te pelo cuidado hospitaleiro e pastoral. Rogamos-te a proteção e o cuidado divinos, para que possamos caminhar na tua presença e sempre entrar e sair pela porta da salvação.

Jesus Cristo, Bom Pastor, obrigado pelo dia de hoje, pelas graças alcançadas e pelas futuras graças que, em tua misericórdia, receberemos por meio desta novena. Rendemos-te graças também pelas Irmãs de Cristo Pastor e rogamos-te para que o Senhor suscite vocações para esta Congregação e para a Igreja. Amém.

T.: Pai nosso…

D.: Glória ao Pai, ao Filho e ao Espírito Santo.

T.: Como era no princípio, agora e sempre. Amém.

D.: Confiemo-nos à valiosa intercessão de Nossa Senhora Pastora.

T.: Ave, Maria…

D.: Nossa Senhora Pastora.

T.: Rogai por nós.

D.: Estivemos reunidos em nome do Pai e do Filho e do Espírito Santo.

T.: Amém.

Louvado seja Nosso Senhor Jesus Cristo.

T.: Para sempre seja louvado.

Canto: À escolha.

3º DIA

Chamados e congregados por amor

1. Acolhida

(O dirigente ou o responsável da casa deve acolher os participantes de forma espontânea. Iniciar a novena com um canto. Preparar um ambiente acolhedor que favoreça o espírito de oração: imagem ou figura do Bom Pastor, Bíblia, vela, flores e um cartaz com o tema do dia.)

2. Oração inicial

Dirigente (D.): Deus, fonte e origem de nossa vida e missão, concedei-nos a graça de estarmos reunidos para rezar, como comunidade dos discípulos do Senhor, a novena em honra a Cristo Pastor. Iniciemos nosso encontro invocando a Santíssima Trindade.

Todos (T.): Em nome do Pai e do Filho e do Espírito Santo. Amém.

D.: Pela consagração batismal, tornamo-nos filhos e filhas de Deus. Como irmãos e irmãs em Cristo, somos chamados a manifestar o amor de Cristo Pastor, que foi derramado em nossos corações, pela unção do Espírito Santo.

T.: Cristo Pastor, Refúgio das ovelhas. Só estaremos seguros quando passarmos pela tua porta, ao som de tua voz e ao toque do teu cajado.

Cristo Pastor, guia-nos na direção correta para alcançarmos o caminho da salvação e da vida plena. Ao te seguir, encontraremos, embora não isentos das cruzes do dia a dia, o conforto, a alegria e a segurança de que tanto necessitamos.

Cristo Pastor, sabemos que podemos contar contigo, pois só tu és o Caminho, a Verdade e a Vida. Sustenta-nos com teu cajado para atravessarmos com segurança os obstáculos. Amparados por ti, alcançaremos a plenitude da vida.

Jesus Cristo, Bom Pastor, tu mesmo disseste que dá a vida por tuas ovelhas. Se for da tua divina vontade, tu que és o grande intercessor junto ao Pai, atende aos nossos pedidos, concedendo-nos a graça que tanto almejamos.

(Apresentar a sua intenção. Momento de silêncio.)

D.: Oremos. Ó Deus Pai, Pastor eterno, por meio de Jesus Cristo, o Cristo Pastor, aproximastes--vos de todos os homens e mulheres e revelastes o vosso amor eterno. Atendei às nossas orações para glória de Jesus Cristo, o vosso Filho, que convosco vive e reina para sempre. Amém.

Canto: À escolha.

3. Lendo a Palavra de Deus (Is 43, 1-7)

L1: "Agora, porém, assim diz o Senhor, aquele que criou você, Jacó, aquele que formou você, ó Israel: Não tenha medo, porque eu o redimi e o chamei pelo nome; você é meu. Quando você atravessar a água eu estarei com você, e os rios não o afogarão; quando você passar pelo fogo não se queimará, e a chama não o alcançará, pois eu sou o Senhor seu Deus, o Santo de Israel, o seu Salvador. Para pagar a sua liberdade, eu dei o Egito, a Etiópia e Sabá em troca de você, porque você é precioso para mim, é digno de estima, e eu o amo; dou homens em troca de você, e po-vos em troca de sua vida. Não tenha medo, pois eu estou com você. Lá no Oriente vou buscar a sua descendência, e do Ocidente eu reunirei você. Direi ao norte: 'Entregue-o'. E ao sul: 'Não o retenha'. Traga de longe meus filhos, traga dos confins da terra as minhas filhas, e todos os que são chamados pelo meu nome: para minha glória eu os criei, eu os formei, eu os fiz".

T.: Graças a Deus.

(Leitura orante silenciosa.)

D.: Quem quiser, poderá citar o versículo que mais lhe chamou a atenção, ou relacionar o texto a outras passagens bíblicas, como: Is 41,10.13; Jr 14,9.

4. Meditando a Palavra de Deus

D.: A Palavra de Deus, revelada ao profeta Isaías, anuncia que o Criador conhece intimamente suas criaturas e que tem um cuidado especial por toda pessoa criada. Ele está junto dos seus nas travessias da vida cotidiana (Sl 23[22]), pois ama e cuida de seu povo (Sl 91[90]). Quando se desviaram do caminho da vida e se dispersaram, Deus mesmo saiu em seu resgate, pois seu amor é incondicional (Ez 34,11).

L2: Nós somos o povo de Deus, resgatados pelo Sangue do Cordeiro Santo. Nós somos preciosos aos olhos de Deus, que caminha ao nosso lado como um pastor que, no vale escuro da morte, está cuidando e protegendo o seu rebanho (Sl 23,4), pois não desiste dc nós, amandu-nos até o fim (Jo 13,1).

L1: Em Cristo, o Bom Pastor, Luz das nações (Jo 8,12), Deus nos reúne e nos congrega por amor (Is 42,6). Como povo redimido (1Pd 2,10), somos chamados a viver e a testemunhar a fé na liturgia e nas obras (At 2,42), pois será pelo nosso testemunho que seremos reconhecidos como novo povo de Deus, discípulos de Cristo (Jo 13,35).

L2: Todos somos chamados e convocados a viver como filhos e filhas amados de Deus, na santidade e na justiça, enquanto perdurarem nossos dias (Lc 1,74-75), pois fomos criados e modelados para a Glória de Deus (Is 43,7). Viver para a glória de Deus é viver de acordo com a sua vontade, ou seja, é viver a santidade, porque o Senhor é Santo (Lv 20,7; 1Pd 1,16). Portanto, ele nos chama à santidade, como povo, como Igreja, como pessoa (1Pd 1,16). Mediante o Batismo, recebemos o dom da santidade e nele somos vivificados (Gl 3,27) para vivermos como resplendor de sua glória (1Pd 1,21). Desse modo, vivamos como filhos e filhas de Deus, no amor e na comunhão, cuidando uns dos outros com o mesmo amor que Deus cuida de nós, pois somos sua propriedade e seu povo.

T.: "Não tenhas medo, porque fui eu quem te resgatei, chamei-te pelo próprio nome, tu és meu" (Is 43,1a).

5. Rezando a Palavra de Deus

D.: Neste momento, em silêncio vamos rezar por todas as situações que carecem de cuidados. Em especial, peçamos a graça de vivermos como povo de Deus, unidos a Cristo e à Igreja.

(Momento de silêncio.)

D.: Confiantes, elevemos ao Cristo Pastor nossos pedidos.

(Preces espontâneas.)

T.: Cristo Pastor, atende-nos.

6. Vivendo a Palavra

D.: Deixemos que a Palavra de Deus nos interpele.

- O que significa ser resgatado, chamado pelo próprio nome, pertencer a Deus e ser precioso aos seus olhos?
- Diante de tanto amor e cuidado, quais provocações a Palavra de Deus me faz?
- Como posso corresponder ao infinito amor de Deus, na família, na comunidade e no mundo?

D.: Sugerimos que você escolha um versículo bíblico para meditar até o próximo encontro.

7. Oração final

D.: Chegando ao final do encontro de hoje, rendemos graças a Cristo Pastor, àquele que é fonte de toda a nossa vida e missão.

T.: Cristo Pastor, bom e amável, rendemos graças por nos conduzires ao caminho da vida, às belas e boas pastagens. Obrigado por estar sempre conosco, socorrendo-nos em nossas fraquezas, e por ser o grande intercessor, acolhendo as nossas súplicas.

Cristo Pastor, agradecemos-te pelo cuidado hospitaleiro e pastoral. Rogamos-te a proteção e o cuidado divinos, para que possamos caminhar na tua presença e sempre entrar e sair pela porta da salvação.

Jesus Cristo, Bom Pastor, obrigado pelo dia de hoje, pelas graças alcançadas e pelas futuras graças que, em tua misericórdia, receberemos por meio desta novena. Rendemos-te graças também pelas Irmãs de Cristo Pastor e rogamos-te para que o Senhor suscite vocações para esta Congregação e para a Igreja. Amém.

T.: Pai nosso…

D.: Glória ao Pai, ao Filho e ao Espírito Santo.

T.: Como era no princípio, agora e sempre. Amém.

D.: Confiemo-nos à valiosa intercessão de Nossa Senhora Pastora.

T.: Ave, Maria…

D.: Nossa Senhora Pastora.

T.: Rogai por nós.

D.: Estivemos reunidos em nome do Pai e do

Filho e do Espírito Santo.

T.: Amém.

Louvado seja Nosso Senhor, Jesus Cristo.

T.: Para sempre seja louvado.

Canto: À escolha.

4º DIA

Vocação à santidade

1. Acolhida

(O dirigente ou o responsável da casa deve acolher os participantes de forma espontânea. Iniciar a novena com um canto. Preparar um ambiente acolhedor que favoreça o espírito de oração: imagem ou figura do Bom Pastor, Bíblia, vela, flores e um cartaz com o tema do dia.)

2. Oração inicial

Dirigente (D.): Deus, fonte e origem de nossa vida e missão, concedei-nos a graça de estarmos reunidos para rezar, como comunidade dos discípulos do Senhor, a novena em honra a Cristo Pastor. Iniciemos nosso encontro invocando a Santíssima Trindade.

Todos (T.): Em nome do Pai e do Filho e do Espírito Santo. Amém.

D.: Pela consagração batismal, tornamo-nos filhos e filhas de Deus. Como irmãos e irmãs em

Cristo, somos chamados a manifestar o amor de Cristo Pastor, que foi derramado em nossos corações, pela unção do Espírito Santo.

T.: Cristo Pastor, Refúgio das ovelhas. Só estaremos seguros quando passarmos pela tua porta, ao som de tua voz e ao toque do teu cajado.

Cristo Pastor, guia-nos na direção correta para alcançarmos o caminho da salvação e da vida plena. Ao te seguir, encontraremos, embora não isentos das cruzes do dia a dia, o conforto, a alegria e a segurança de que tanto necessitamos.

Cristo Pastor, sabemos que podemos contar contigo, pois só tu és o Caminho, a Verdade e a Vida. Sustenta-nos com teu cajado para atravessarmos com segurança os obstáculos. Amparados por ti, alcançaremos a plenitude da vida.

Jesus Cristo, Bom Pastor, tu mesmo disseste que dá a vida por tuas ovelhas. Se for da tua divina vontade, tu que és o grande intercessor junto ao Pai, atende aos nossos pedidos, concedendo-nos a graça que tanto almejamos.

(Apresentar a sua intenção. Momento de silêncio.)

D.: Oremos. Ó Deus Pai, Pastor eterno, por meio de Jesus Cristo, o Cristo Pastor, aproximastes-vos de todos os homens e mulheres e revelastes o vosso amor eterno. Atendei às nossas orações para glória de Jesus Cristo, o vosso Filho, que convosco vive e reina para sempre. Amém.

Canto: À escolha.

3. Lendo a Palavra de Deus (1Pd 1,3-5.13-22)

L1: "Bendito seja o Deus e Pai de nosso Senhor Jesus Cristo por sua grande misericórdia. Ressuscitando a Jesus Cristo dos mortos, ele nos fez renascer para uma esperança viva, para uma herança que não se corrompe, não se mancha e não murcha. Essa herança está reservada no céu para vocês, que, graças à fé, estão guardados pela força de Deus para a salvação que está prestes a revelar-se no final dos tempos. Por isso, estejam de espírito pronto para agir, sejam sóbrios e ponham toda a esperança na graça que será trazida a vocês quando Jesus Cristo se manifestar. Como filhos obedientes, não devem mais viver como antes, quando ainda eram ignorantes e se deixavam guiar pelas paixões. Pelo contrário, assim como é santo o Deus que os chamou, também vocês se tornem santos em todo o comportamento, porque a Escritura diz: 'Sejam santos, porque eu sou santo'. Vocês chamam Pai àquele que não faz distinção entre as pessoas, mas que julga cada um segundo as próprias obras. Portanto, comportem-se com temor durante esse tempo em que se acham fora da pátria. Pois vocês sabem que não foi com coisas perecíveis, isto é, com prata nem ouro, que vocês foram resgatados da vida inútil que herdaram dos seus antepassados. Vocês foram resgatados pelo precioso sangue de Cristo, como o de um cordeiro sem defeito e sem mancha. Ele era conhecido antes da fundação do mundo, mas foi manifestado no fim dos tempos por causa de vocês. Por meio dele é que vocês acreditam em Deus, que o ressuscitou dos mortos e lhe deu a glória, de modo que a fé e a esperança de vocês estão em Deus. Obedientes à verdade, vocês se purificaram, a fim de praticar um amor fraterno sem hipocrisia. Com ardor e de coração sincero, amem-se uns aos outros".

T.: Graças a Deus.

(Leitura orante silenciosa.)

D.: Quem quiser, poderá citar o versículo que mais lhe chamou a atenção, ou relacionar o texto a outras passagens bíblicas, como: Rm 8,28-30; Mt 5,48; 1Pd 1,3-4; Jo 13,34-35.

4. Meditando a Palavra de Deus

D.: "Bendito seja Deus, o Pai de nosso Senhor Jesus Cristo" (1Pd 1,3), que em sua infinita misericórdia, em Jesus Cristo, fez-nos nascer para uma "esperança viva", para uma "herança que não se desfaz", pois está alicerçada em Cristo. Nele, a esperança é renovada pelo testemunho da santidade da vida progressivamente moldada nos padrões do Reino, em resposta ao amor de Deus, que, em sua santidade, nos chama à santidade (Lv 20,7).

L2: Deus quer que todos se salvem e cheguem ao conhecimento da verdade (1Tm 2,4). Não quer que ninguém se perca (2Pd 4,9). Deus é amor (1Jo 4,8), é bondade (Mc 10,17-18). Ele não tem preconceitos (Lc 15,1-2), chama a todos; porém, uma vez que se conhece o Evangelho, julga a cada um conforme as suas obras (Mt 25,31-46).

L1: Deus chama a todos e dá oportunidades para viverem segundo a fé, sem apegos às "obras fúteis da carne", pois Jesus Cristo, o Cordeiro imolado, com o seu precioso sangue, resgatou-nos da escravidão do pecado (1Cor 5,7; 1Pd 2,24; Jo 1,29).

L2: O Deus que chama à vida, chama à santidade. O chamado à santidade é vivido pela vocação batismal. Como filhos e filhas de Deus, somos chamados ao seguimento de Jesus Cristo (Jo 10,27). Para se tornar discípulo de Jesus Cristo, é preciso seguir atrás do Mestre (Mc 8,34; Jo 10,7). Quem encontrou Jesus faz progresso na busca pela santidade, a fim de permanecer com ele (Jo 1,39).

L1: Seguir Jesus hoje implica viver na renúncia e no combate espiritual. "[…] Não há santidade sem renúncia e combate espiritual. O progresso espiritual implica a ascese e a mortificação, que conduzem gradualmente a viver na paz e na alegria das bem-aventuranças: 'Aquele que sabe nunca mais para de ir de princípio em princípio, por princípios que não têm fim. Aquele que sabe nunca mais deixa de desejar aquilo que já conhece'" (CIC 2015).

L2: Os cristãos são chamados a buscar, diariamente, o progresso da fé, vivendo e testemunhando o amor: "Praticar um amor fraterno sem fingimento. Amai-vos, pois, uns aos outros, de coração e com ardor" (1Pd 1,22), pois Jesus, o Bom Pastor, já nos deu o exemplo, amando até o extremo de dar a vida, como um cordeiro imolado, pelos seus (Jo 13,1).

L1: É preciso conhecer Jesus intimamente para amá-lo mais e permanecer com ele (Jo 1,39). Só quem permanece com Jesus produz os frutos da santidade na vida cotidiana (Jo 15; Mt 7,17-19), pois nossa vida deve ser vivida como uma passagem (1Pd 1,17).

T.: "Aquele que permanece em mim, como eu nele, esse dá muito fruto, pois, sem mim, nada podeis fazer" (Jo 15,5).

5. Rezando a Palavra de Deus

D.: Neste momento, em silêncio vamos rezar por todas as situações que carecem de cuidados. Em especial, peçamos a graça de vivermos e testemunharmos a santidade.

(Momento de silêncio.)

D.: Confiantes, elevemos ao Cristo Pastor nossos pedidos.

(Preces espontâneas.)

T.: Cristo Pastor, atende-nos.

6. Vivendo a Palavra

D.: Deixemos que a Palavra de Deus nos interpele.

- O que significa viver na esperança e na santidade?
- Quais são os frutos da santidade?
- O que significa viver como migrantes?

D.: Sugerimos que você escolha um versículo bíblico para meditar até o próximo encontro.

7. Oração final

D.: Chegando ao final do encontro de hoje, rendemos graças a Cristo Pastor, àquele que é fonte de toda a nossa vida e missão.

T.: Cristo Pastor, bom e amável, rendemos graças por nos conduzires ao caminho da vida, às belas e boas pastagens. Obrigado por estar sempre conosco, socorrendo-nos em nossas fraquezas, e por ser o grande intercessor, acolhendo as nossas súplicas.

Cristo Pastor, agradecemos-te pelo cuidado hospitaleiro e pastoral. Rogamos-te a proteção e o cuidado divinos, para que possamos caminhar na tua presença e sempre entrar e sair pela porta da salvação.

Jesus Cristo, Bom Pastor, obrigado pelo dia de hoje, pelas graças alcançadas e pelas futuras graças que, em tua misericórdia, receberemos por meio desta novena. Rendemos-te graças também pelas Irmãs de Cristo Pastor e rogamos-te para que o Senhor suscite vocações para esta Congregação e para a Igreja. Amém.

T.: Pai nosso…

D.: Glória ao Pai, ao Filho e ao Espírito Santo.

T.: Como era no princípio, agora e sempre. Amém.

D.: Confiemo-nos à valiosa intercessão de Nossa Senhora Pastora.

T.: Ave, Maria…

D.: Nossa Senhora Pastora.

T.: Rogai por nós.

D.: Estivemos reunidos em nome do Pai e do Filho e do Espírito Santo.

T.: Amém.

Louvado seja Nosso Senhor, Jesus Cristo.

T.: Para sempre seja louvado.

Canto: À escolha.

5º DIA

Chamados ao seguimento de Jesus Cristo

1. Acolhida

(O dirigente ou o responsável da casa deve acolher os participantes de forma espontânea. Iniciar a novena com um canto. Preparar um ambiente acolhedor que favoreça o espírito de oração: imagem ou figura do Bom Pastor, Bíblia, vela, flores e um cartaz com o tema do dia.)

2. Oração inicial

Dirigente (D.): Deus, fonte e origem de nossa vida e missão, concedei-nos a graça de estarmos reunidos para rezar, como comunidade dos discípulos do Senhor, a novena em honra a Cristo Pastor. Iniciemos nosso encontro invocando a Santíssima Trindade.

Todos (T.): Em nome do Pai e do Filho e do Espírito Santo. Amém.

D.: Pela consagração batismal, tornamo-nos filhos e filhas de Deus. Como irmãos e irmãs em Cristo, somos chamados a manifestar o amor de Cristo Pastor, que foi derramado em nossos corações, pela unção do Espírito Santo.

T.: Cristo Pastor, Refúgio das ovelhas. Só estaremos seguros quando passarmos pela tua porta, ao som de tua voz e ao toque do teu cajado.

Cristo Pastor, guia-nos na direção correta para alcançarmos o caminho da salvação e da vida plena. Ao te seguir, encontraremos, embora não isentos das cruzes do dia a dia, o conforto, a alegria e a segurança de que tanto necessitamos.

Cristo Pastor, sabemos que podemos contar contigo, pois só tu és o Caminho, a Verdade e a Vida. Sustenta-nos com teu cajado para atravessarmos com segurança os obstáculos. Amparados por ti, alcançaremos a plenitude da vida.

Jesus Cristo, Bom Pastor, tu mesmo disseste que dá a vida por tuas ovelhas. Se for da tua divina vontade, tu que és o grande intercessor junto ao Pai, atende aos nossos pedidos, concedendo-nos a graça que tanto almejamos.

(Apresentar a sua intenção. Momento de silêncio.)

D.: Oremos. Ó Deus Pai, Pastor eterno, por meio de Jesus Cristo, o Cristo Pastor, aproximastes-vos de todos os homens e mulheres e revelastes o vosso amor eterno. Atendei às nossas orações para glória de Jesus Cristo, o vosso Filho, que convosco vive e reina para sempre. Amém.

Canto: À escolha.

3. Lendo a Palavra de Deus (Mc 3,13-19)

L1: "Jesus subiu ao monte e chamou a si os que quis, e esses foram para junto dele. E constituiu doze, para que ficassem com ele, a fim de enviá-los a pregar, e para que tivessem autoridade para expulsar demônios. E assim constituiu os Doze: a Simão deu o nome de Pedro; a Tiago, filho de Zebedeu, e a seu irmão João, deu o nome de Boanerges, que significa 'Filhos do Trovão'; André, Filipe, Bartolomeu, Mateus, Tomé, Tiago, filho de Alfeu, Tadeu; Simão, o zelota, e Judas Iscariotes, aquele que o entregou".

T. Graças a Deus.

(Leitura orante silenciosa.)

D.: Quem quiser, poderá citar o versículo que mais lhe chamou a atenção, ou relacionar o texto a outras passagens bíblicas, como: Mt 10,1-4; Lc 6,12-16; Jo 1,40-44; At 1,13.

4. Meditando a Palavra de Deus

D.: Jesus era um homem de oração. Ele tinha o hábito de se retirar para orar, inclusive antes de grandes decisões (Mc 1,35; 6,45; 14,34; Lc 4,44; 5,16; 9,18). Os doze apóstolos foram escolhidos por Jesus para permanecerem com ele, e para os enviar a "anunciar a Boa-Nova com o poder de expulsar os demônios".

L2: A vocação é um dom de Deus. Deus escolhe criteriosamente os seus (Is 49,16). Chama-os pelo nome (1Sm 3,1-10; Is 43,1-2) para serem o seu povo e o seu rebanho (Sl 99[100],3). É a Jesus que se deve seguir (Jo 10,7-9), pois só ele tem palavras de vida eterna (Jo 6,68).

L1.: Assim como os apóstolos, somos também chamados a permanecer com Jesus (Jo 15,4-5), aproximar-se dele (Lc 19,1-10) e conhecê-lo profundamente (Jo 1,39). É preciso beber de sua fonte (Jo 4,10.15), aprender de seu Evangelho

(Mc 1,44-15), tornar-se seu discípulo (Mc 10,42), seguindo-o pelo caminho (Mc 10,52).

L2: Jesus chamou os apóstolos para que permanecessem com ele (Jo 1,39) e para enviá-los em missão, ao anúncio da Boa-Nova (Mt 28,16; Mc 16,16-20; Lc 9,1-6). Nessa escola vivencial, eles aprenderam de Jesus o amor (Jo 13,34-35) e se formaram discípulos (Jo 1,39). E, ainda, herdaram do Mestre o mandato de expulsar os demônios.

L1: Ao anunciar a Boa Notícia do amor de Deus, as trevas sedem espaço à luz (Jo 1,5). Jesus é a Boa Notícia (Jo 1,9). Ouçamos o seu convite: "Vem e segue-me" (Mt 9,9; Mc 2,14; Jo 21,19). Como ovelhas do seu rebanho, sigamos seus passos, atentos à sua voz (Jo 10,14-16), pois ele é a luz do mundo, o Caminho, a Verdade e a Vida.

T.: Jesus disse: "Eu sou a luz do mundo. Quem me segue não caminha nas trevas, mas terá a luz da vida"; "Eu sou o caminho, a verdade e a vida" (Jo 8,12; 14,6a).

5. Rezando a Palavra de Deus

D.: Neste momento, em silêncio vamos rezar por todas as situações que carecem de cuidados. Em especial, peçamos a graça de não ser surdos à voz de Jesus, que nos chama ao seu seguimento.

(Momento de silêncio.)

D.: Confiantes, elevemos ao Cristo Pastor nossos pedidos.

(Preces espontâneas.)

T.: Cristo Pastor, atende-nos.

6. Vivendo a Palavra

D.: Deixemos que a Palavra de Deus nos interpele.

- Que sentido tem o verbo permanecer com Jesus?
- Qual é a Boa Notícia que somos chamados a anunciar?
- Quais são as forças do mal que devo (devemos) repreender, em nome de Jesus?

D.: Sugerimos que você escolha um versículo bíblico para meditar até o próximo encontro.

7. Oração final

D.: Chegando ao final do encontro de hoje, rendemos graças a Cristo Pastor, àquele que é fonte de toda a nossa vida e missão.

T.: Cristo Pastor, bom e amável, rendemos graças por nos conduzires ao caminho da vida, às belas e boas pastagens. Obrigado por estar sempre conosco, socorrendo-nos em nossas fraquezas, e por ser o grande intercessor, acolhendo as nossas súplicas.

Cristo Pastor, agradecemos-te pelo cuidado hospitaleiro e pastoral. Rogamos-te a proteção e o cuidado divinos, para que possamos caminhar na tua presença e sempre entrar e sair pela porta da salvação.

Jesus Cristo, Bom Pastor, obrigado pelo dia de hoje, pelas graças alcançadas e pelas futuras graças que, em tua misericórdia, receberemos por meio desta novena. Rendemos-te graças também pelas Irmãs de Cristo Pastor e rogamos-te para que o Senhor suscite vocações para esta Congregação e para a Igreja. Amém.

T.: Pai nosso...

D.: Glória ao Pai, ao Filho e ao Espírito Santo.

T.: Como era no princípio, agora e sempre. Amém.

D.: Confiemo-nos à valiosa intercessão de Nossa Senhora Pastora.

T.: Ave, Maria…

D.: Nossa Senhora Pastora.

T.: Rogai por nós.

D.: Estivemos reunidos em nome do Pai e do Filho e do Espírito Santo.

T.: Amém.

Louvado seja Nosso Senhor, Jesus Cristo.

T.: Para sempre seja louvado.

Canto: À escolha.

6º DIA

Tornar-se discípulos de Cristo Pastor

1. Acolhida

(O dirigente ou o responsável da casa deve acolher os participantes de forma espontânea. Iniciar a novena com um canto. Preparar um ambiente acolhedor que favoreça o espírito de oração: imagem ou figura do Bom Pastor, Bíblia, vela, flores e um cartaz com o tema do dia.)

2. Oração inicial

Dirigente (D.): Deus, fonte e origem de nossa vida e missão, concedei-nos a graça de estarmos reunidos para rezar, como comunidade dos discípulos do Senhor, a novena em honra a Cristo Pastor. Iniciemos nosso encontro invocando a Santíssima Trindade.

Todos (T.): Em nome do Pai e do Filho e do Espírito Santo. Amém.

D.: Pela consagração batismal, tornamo-nos filhos e filhas de Deus. Como irmãos e irmãs em Cristo, somos chamados a manifestar o amor de Cristo Pastor, que foi derramado em nossos corações, pela unção do Espírito Santo.

T.: Cristo Pastor, Refúgio das ovelhas. Só estaremos seguros quando passarmos pela tua porta, ao som de tua voz e ao toque do teu cajado.

Cristo Pastor, guia-nos na direção correta para alcançarmos o caminho da salvação e da vida plena. Ao te seguir, encontraremos, embora não isentos das cruzes do dia a dia, o conforto, a alegria e a segurança de que tanto necessitamos.

Cristo Pastor, sabemos que podemos contar contigo, pois só tu és o Caminho, a Verdade e a Vida. Sustenta-nos com teu cajado para atravessarmos com segurança os obstáculos. Amparados por ti, alcançaremos a plenitude da vida.

Jesus Cristo, Bom Pastor, tu mesmo disseste que dá a vida por tuas ovelhas. Se for da tua divina vontade, tu que és o grande intercessor junto ao Pai, atende aos nossos pedidos, concedendo-nos a graça que tanto almejamos.

(Apresentar a sua intenção. Momento de silêncio.)

D.: Oremos. Ó Deus Pai, Pastor eterno, por meio de Jesus Cristo, o Cristo Pastor, aproximastes-vos de todos os homens e mulheres e revelastes o vosso amor eterno. Atendei às nossas orações para glória de Jesus Cristo, o vosso Filho, que convosco vive e reina para sempre. Amém.

Canto: À escolha.

3. Lendo a Palavra de Deus (Mc 8,27-35)

L1: "Jesus partiu com seus discípulos para os vilarejos de Cesareia de Filipe. No caminho, questionava seus discípulos, dizendo: 'Quem as pessoas dizem que eu sou?' Eles lhe responderam: 'João Batista. Outros, Elias. Outros ainda, um dos profetas'. E Jesus lhes perguntava: 'E vocês, quem vocês dizem que eu sou?' Pedro respondeu: 'Tu és o Messias'. Então Jesus os repreendeu, para que não falassem com ninguém a respeito dele. E começou a ensinar-lhes: 'O Filho do Homem deve sofrer muito, ser rejeitado pelos anciãos, pelos chefes dos sacerdotes e pelos doutores da Lei, deve ser morto e, depois de três dias, ressuscitar'. Dizia isso abertamente. Então Pedro, levando Jesus à parte, começou a repreendê-lo. Mas Jesus, virando-se e olhando para seus discípulos, repreendeu Pedro, dizendo: 'Vá para trás de mim, Satanás. Porque você não pensa nas coisas de Deus, e sim nas coisas dos homens'. E chamando a multidão com seus discípulos, Jesus lhes disse: 'Se alguém quiser seguir após mim, negue-se a si mesmo, carregue sua cruz e me siga. Pois quem quiser salvar a própria vida, a perderá. Mas quem perder a própria vida por causa de mim e do Evangelho, a salvará'".

T.: Graças a Deus.

(Leitura orante silenciosa.)

D.: Quem quiser, poderá citar o versículo que mais lhe chamou a atenção, ou relacionar o texto a outras passagens bíblicas, como: Mt 16,13-20; Lc 9,18-22.

4. Meditando a Palavra de Deus

L1: Pedro e seus companheiros viveram grandes acontecimentos, como as curas, a multiplicação dos pães, a transfiguração etc. Viveram também crises, traições, abandono; inclusive, são indagados por Jesus se eles também querem deixá-lo

(Jo 6,60-71). Pedro responde: "Senhor, a quem iremos? Tu tens palavras de vida eterna. Quanto a nós, cremos e conhecemos que tu és o Santo de Deus" (Jo 6,67-69).

L2: Jesus faz desse acontecimento uma catequese de discipulado, deixando claro que o seguimento tem consequências diárias, como a renúncia de si mesmo e a doação da própria vida. De fato, Jesus formou seus seguidores para viver o amor e a doação (Jo 13,34-35; Lc 10,29-37). Ele ensinou a humildade e o serviço (Lc 14,7-11; Mc 9,33-37; 10,45; Mt 18,1-4).

L1: Tornar-se discípulos e discípulas de Jesus requer um processo permanente de entrega e acolhida aos ensinamentos do Mestre, por meio da Leitura Orante da Bíblia, da participação na liturgia, nos sacramentos e na vida da comunidade. E, também, estar atentos ao que o Espírito Santo tem a nos dizer hoje (Ap 3,6), ouvindo e acolhendo o que ensina o Magistério da Igreja (At 2,12-47).

5. Rezando a Palavra de Deus

D.: Neste momento, em silêncio vamos rezar por todas as situações que carecem de cuidados. Em especial, peçamos a graça de nos tornamos discípulos missionários de Jesus Cristo.

(Momento de silêncio.)

D.: Confiantes, elevemos ao Cristo Pastor nossos pedidos.

(Preces espontâneas.)

T.: Cristo Pastor, atende-nos.

6. Vivendo a Palavra

D.: Deixemos que a Palavra de Deus nos interpele.

- Quem é Jesus Cristo?
- Como me tornar discípulo de Jesus Cristo?
- O que eu transmito de Jesus Cristo para os outros?

D.: Sugerimos que você escolha um versículo bíblico para meditar até o próximo encontro.

7. Oração final

D.: Chegando ao final do encontro de hoje, rendemos graças a Cristo Pastor, àquele que é fonte de toda a nossa vida e missão.

T.: Cristo Pastor, bom e amável, rendemos graças por nos conduzires ao caminho da vida, às belas e boas pastagens. Obrigado por estar sempre conosco, socorrendo-nos em nossas fraquezas, e por ser o grande intercessor, acolhendo as nossas súplicas.

Cristo Pastor, agradecemos-te pelo cuidado hospitaleiro e pastoral. Rogamos-te a proteção e o cuidado divinos, para que possamos caminhar na tua presença e sempre entrar e sair pela porta da salvação.

Jesus Cristo, Bom Pastor, obrigado pelo dia de hoje, pelas graças alcançadas e pelas futuras graças que, em tua misericórdia, receberemos por meio desta novena. Rendemos-te graças também pelas Irmãs de Cristo Pastor e rogamos-te para que o Senhor suscite vocações para esta Congregação e para a Igreja. Amém.

T.: Pai nosso...

D.: Glória ao Pai, ao Filho e ao Espírito Santo.

T.: Como era no princípio, agora e sempre. Amém.

D.: Confiemo-nos à valiosa intercessão de Nossa Senhora Pastora.

T.: Ave, Maria…

D.: Nossa Senhora Pastora.

T.: Rogai por nós.

D.: Estivemos reunidos em nome do Pai e do Filho e do Espírito Santo.

T.: Amém.

Louvado seja Nosso Senhor, Jesus Cristo.

T.: Para sempre seja louvado.

Canto: À escolha.

7º DIA

Viver como discípulos de Cristo Pastor

1. Acolhida

(O dirigente ou o responsável da casa deve acolher os participantes de forma espontânea. Iniciar a novena com um canto. Preparar um ambiente acolhedor que favoreça o espírito de oração: imagem ou figura do Bom Pastor, Bíblia, vela, flores e um cartaz com o tema do dia.)

2. Oração inicial

Dirigente (D.): Deus, fonte e origem de nossa vida e missão, concedei-nos a graça de estarmos reunidos para rezar, como comunidade dos discípulos do Senhor, a novena em honra a Cristo Pastor. Iniciemos nosso encontro invocando a Santíssima Trindade.

Todos (T.): Em nome do Pai e do Filho e do Espírito Santo. Amém.

D.: Pela consagração batismal, tornamo-nos filhos e filhas de Deus. Como irmãos e irmãs em Cristo, somos chamados a manifestar o amor de Cristo Pastor, que foi derramado em nossos corações, pela unção do Espírito Santo.

T.: Cristo Pastor, Refúgio das ovelhas. Só estaremos seguros quando passarmos pela tua porta, ao som de tua voz e ao toque do teu cajado.

Cristo Pastor, guia-nos na direção correta para alcançarmos o caminho da salvação e da vida plena. Ao te seguir, encontraremos, embora não isentos das cruzes do dia a dia, o conforto, a alegria e a segurança de que tanto necessitamos.

Cristo Pastor, sabemos que podemos contar contigo, pois só tu és o Caminho, a Verdade e a Vida. Sustenta-nos com teu cajado para atravessarmos com segurança os obstáculos. Amparados por ti, alcançaremos a plenitude da vida.

Jesus Cristo, Bom Pastor, tu mesmo disseste que dá a vida por tuas ovelhas. Se for da tua divina vontade, tu que és o grande intercessor junto ao Pai, atende aos nossos pedidos, concedendo-nos a graça que tanto almejamos.

(Apresentar a sua intenção. Momento de silêncio.)

D.: Oremos. Ó Deus Pai, Pastor eterno, por meio de Jesus Cristo, o Cristo Pastor, aproximastes--vos de todos os homens e mulheres e revelastes o vosso amor eterno. Atendei às nossas orações para glória de Jesus Cristo, o vosso Filho, que convosco vive e reina para sempre. Amém.

Canto: À escolha.

3. Lendo a Palavra de Deus (At 2,41-47)

L1: "Os que acolheram a Palavra de Pedro foram batizados. E nesse dia uniram-se a eles cerca de mil pessoas. Eram perseverantes em ouvir o ensinamento dos apóstolos, na comunhão, na partilha do pão e nas orações. Eram tantos os prodígios e sinais que os apóstolos realizavam, que todos eram tomados de sentimentos de reverência. Todos os que acreditavam eram unidos e tinham tudo em comum. Vendiam suas propriedades e bens, e os repartiam entre todos, conforme a necessidade de cada um. E todos os dias perseveravam unânimes no Templo. E partiam o pão nas casas, tomando os alimentos com alegria e simplicidade de coração. Louvavam a

Deus e eram estimados por todo o povo. E a cada dia o Senhor acrescentava à comunidade aqueles que eram salvos".

T.: Graças a Deus.

(Leitura orante silenciosa.)

D.: Quem quiser, poderá citar o versículo que mais lhe chamou a atenção, ou relacionar o texto a outras passagens bíblicas, como: At 4,32-37; 5,12-16.

4. Meditando a Palavra de Deus

D.: Fortalecido pelo Espírito Santo, Pedro anuncia o Querigma, e uma multidão de pessoas acolhe o Evangelho e pede o Batismo (At 2,14-41). Uma vez batizados, são santificados em Cristo e passam a fazer parte do novo povo de Deus.

L2: Os apóstolos haviam feito a experiência comunitária de fraternidade e comunhão com Cristo. Essa experiência é testemunhada no cotidiano deles e se torna um ideal para os convertidos.

L1: Os fiéis que compunham as primeiras comunidades "eram perseverantes em ouvir o ensinamento dos apóstolos, na comunhão fraterna, na fração do pão e nas orações". Viviam unidos, colocavam em comum o que possuíam. Eram assíduos em frequentar o Templo e partilhavam o pão de cada dia com os irmãos. Eram agradecidos a Deus e simpáticos nas relações, de tal modo que despertavam o desejo de pertença em outras pessoas.

L2: O testemunho deixado por Cristo e transmitido pelos apóstolos às comunidades cristãs transmite uma identidade cristã que até hoje alimenta a fé no ideal de fraternidade e comunhão.

L1: Esses cristãos acolheram a doutrina por meio da pregação dos apóstolos e se tornaram discípulos de Jesus Cristo, dedicando a vida a Deus e aos irmãos. O testemunho deles nos ensina a importância de viver a fé em comunidade, acolhendo a Palavra de Deus, a Tradição da Igreja e o Magistério.

L2: É preciso ficarmos atentos aos falsos profetas que se declaram melhores que a Igreja, que o Papa e o Magistério da Igreja, inclusive sua doutrina social. É importante conhecer a doutrina da Igreja para não cair nas ciladas do inimigo.

L1: O texto de hoje também nos ensina que é importante frequentar o Templo e pertencer a uma comunidade concreta, bem como participar das campanhas solidárias a favor dos irmãos e irmãs. Deixa claro que o cristão deve resplandecer em suas atitudes e palavras o rosto de Cristo. É o testemunho do amor que atrairá outras pessoas à comunidade.

T.: "Nisso conhecerão todos que sois os meus discípulos: se vos amardes uns aos outros" (Jo 13,35).

D.: As Irmãs de Cristo Pastor querem testemunhar em seu apostolado o rosto de Cristo Pastor. Também somos chamados a nos espelhar em Jesus Cristo, o Bom Pastor que dá a vida por suas ovelhas, amando e servindo a todos. E, sobretudo, por nosso testemunho, direcionar a Cristo as pessoas que encontramos no caminho da vida.

5. Rezando a Palavra de Deus

D.: Neste momento, vamos fazer silêncio e rezar por todas as situações que carecem de cuidados. Em especial, peçamos a graça de vivermos como discípulos e discípulas de Cristo Pastor, amando, acolhendo e servindo a todos.

(Momento de silêncio.)

D.: Confiantes, elevemos ao Cristo Pastor nossos pedidos.

(Preces espontâneas.)

T.: Cristo Pastor, atende-nos.

6. Vivendo a Palavra

D.: Deixemos que a Palavra de Deus nos interpele.

- Como alimentar o ideal cristão das primeiras comunidades hoje?
- Você acha importante ouvir as orientações do Papa e dos bispos?
- O que pode ser feito para despertar os ideais propostos na leitura bíblica?

D.: Sugerimos que você escolha um versículo bíblico para meditar até o próximo encontro.

7. Oração final

D.: Chegando ao final do encontro de hoje, rendemos graças a Cristo Pastor, àquele que é fonte de toda a nossa vida e missão.

T.: Cristo Pastor, bom e amável, rendemos graças por nos conduzires ao caminho da vida, às belas e boas pastagens. Obrigado por estar sempre conosco, socorrendo-nos em nossas fraquezas, e por ser o grande intercessor, acolhendo as nossas súplicas.

Cristo Pastor, agradecemos-te pelo cuidado hospitaleiro e pastoral. Rogamos-te a proteção e o cuidado divinos, para que possamos caminhar na tua presença e sempre entrar e sair pela porta da salvação.

Jesus Cristo, Bom Pastor, obrigado pelo dia de hoje, pelas graças alcançadas e pelas futuras graças que, em tua misericórdia, receberemos por meio desta novena. Rendemos-te graças também pelas Irmãs de Cristo Pastor e rogamos-te para que o Senhor suscite vocações para esta Congregação e para a Igreja. Amém.

T.: Pai nosso...

D.: Glória ao Pai, ao Filho e ao Espírito Santo.

T.: Como era no princípio, agora e sempre. Amém.

D.: Confiemo-nos à valiosa intercessão de Nossa Senhora Pastora.

T.: Ave, Maria...

D.: Nossa Senhora Pastora.

T.: Rogai por nós.

D.: Estivemos reunidos em nome do Pai e do Filho e do Espírito Santo.

T.: Amém.

Louvado seja Nosso Senhor, Jesus Cristo.

T.: Para sempre seja louvado.

Canto: À escolha.

8º DIA

Viver, testemunhar e perseverar nos passos do Cristo Pastor

1. Acolhida

(O dirigente ou o responsável da casa deve acolher os participantes de forma espontânea. Iniciar a novena com um canto. Preparar um ambiente acolhedor que favoreça o espírito de oração: imagem ou figura do Bom Pastor, Bíblia, vela, flores e um cartaz com o tema do dia.)

2. Oração inicial

Dirigente (D.): Deus, fonte e origem de nossa vida e missão, concedei-nos a graça de estarmos reunidos para rezar, como comunidade dos discípulos do Senhor, a novena em honra a Cristo Pastor. Iniciemos nosso encontro invocando a Santíssima Trindade.

Todos (T.): Em nome do Pai e do Filho e do Espírito Santo. Amém.

D.: Pela consagração batismal, tornamo-nos filhos e filhas de Deus. Como irmãos e irmãs em Cristo, somos chamados a manifestar o amor de Cristo Pastor, que foi derramado em nossos corações, pela unção do Espírito Santo.

T.: Cristo Pastor, Refúgio das ovelhas. Só estaremos seguros quando passarmos pela tua porta, ao som de tua voz e ao toque do teu cajado.

Cristo Pastor, guia-nos na direção correta para alcançarmos o caminho da salvação e da vida plena. Ao te seguir, encontraremos, embora não isentos das cruzes do dia a dia, o conforto, a alegria e a segurança de que tanto necessitamos.

Cristo Pastor, sabemos que podemos contar contigo, pois só tu és o Caminho, a Verdade e a Vida. Sustenta-nos com teu cajado para atravessarmos com segurança os obstáculos. Amparados por ti, alcançaremos a plenitude da vida.

Jesus Cristo, Bom Pastor, tu mesmo disseste que dá a vida por tuas ovelhas. Se for da tua divina vontade, tu que és o grande intercessor junto ao

Pai, atende aos nossos pedidos, concedendo-nos a graça que tanto almejamos.

(Apresentar a sua intenção. Momento de silêncio.)

D.: Oremos. Ó Deus Pai, Pastor eterno, por meio de Jesus Cristo, o Cristo Pastor, aproximastes-vos de todos os homens e mulheres e revelastes o vosso amor eterno. Atendei às nossas orações para glória de Jesus Cristo, o vosso Filho, que convosco vive e reina para sempre. Amém.

Canto: À escolha.

3. Lendo a Palavra de Deus (Fl 1,12-13.21-29)

L1: "Quero que vocês saibam, irmãos, que as coisas que me aconteceram contribuíram para o progresso do Evangelho, porque minhas prisões por causa de Cristo se tornaram conhecidas por todo o Pretório e por todos os demais. Pois para mim o viver é Cristo e o morrer é lucro. No entanto, se o viver na carne me leva a produzir fruto, não sei o que escolher. Sinto-me num dilema: tenho o desejo de partir e estar com Cristo, porque isso é muito melhor. Mas o permanecer na carne é mais necessário por causa de vocês. E, convencido disso, sei que vou ficar e continuar com todos vocês, para que progridam e se alegrem na fé. Assim, quando eu voltar para junto de vocês, por minha causa vocês se orgulhem ainda mais em Cristo Jesus. Só uma coisa: comportem-se de maneira digna do Evangelho de Cristo. Assim, indo vê-los ou continuando longe, eu ouça dizer que vocês estão firmes num só espírito, lutando juntos com uma só alma pela fé do Evangelho, e que vocês não têm medo dos adversários. O que para eles é sinal de perdição, para vocês é de salvação, e isso provém de Deus. Pois Deus concedeu a vocês a graça, em relação a Cristo, não somente de acreditar nele, mas também de sofrer por ele".

T.: Graças a Deus.

(Leitura orante silenciosa.)

D.: Quem quiser, poderá citar o versículo que mais lhe chamou a atenção, ou relacionar o texto a outras passagens bíblicas, como: Gl 2,20; 2Cor 5,8; 1Cor 9,16; 2Tm 4,7-8.

4. Meditando a Palavra de Deus

D.: Depois de ter se encontrado com Cristo (At 9), Paulo, o perseguidor, passa a ser perseguido por causa de Cristo. Ele faz uma experiência tão profunda, que se torna seu fiel mensageiro: "Eu vivo, mas não eu: é Cristo que vive em mim" (Gl 2,20). Paulo é um protótipo de quem se configurou a Cristo, plenamente. De fato, ele assumiu inteiramente a sua vocação, anunciou o Evangelho até os confins do mundo (Mc 16,16-20), fundou muitas comunidades (At 18,18-23; 19,1-7) e sofreu muitas perseguições (2Cor 11,24-33) por Cristo (At 9,16).

L2: A vida de Paulo era tão ligada ao Evangelho que, para ele, embora morrer fosse lucro (Fl 1,21), procurava viver pelo bem das comunidades, pois era uma referência positiva para as igrejas por ele fundadas. Paulo era um homem enérgico e coerente (At 15,36-40; Gl 2,11-21), mas muito afetivo (2Cor 12,15) e dedicado, um verdadeiro missionário (At 13,1-14; 15,36–18,22; 27,1–28,16).

L1: Para Paulo, o anúncio do Evangelho era uma obrigação evangélica, "pois anunciar o

Evangelho não é para mim motivo de glória. É antes uma necessidade que se me impõe. Ai de mim se eu não anunciar o Evangelho" (1Cor 9,16). Ele era apóstolo de Cristo (1Cor 1,1), chamado a evangelizar os pagãos (Gl 1,16).

L2: Paulo, seguindo o exemplo do Bom Pastor, vai ao encontro das ovelhas dispersas e, com cuidado pastoral, as conduz a Cristo, o Bom Pastor, fazendo-se tudo para todos (1Cor 9,19-23).

L1: Assim como era fiel a Cristo, almejava que as comunidades por ele fundadas fossem também (1Cor 11,1). Estimulava os fiéis a viverem em conformidade com o Evangelho (Fl 1,27), assumindo as consequências do "sim" dado a Cristo (Mc 8,34-38; Fl 1,29), como resposta de fé.

L2: Foi a fidelidade a Cristo que levou Paulo, os apóstolos, em sua maioria, e muitos discípulos e discípulas ao martírio. Essa mesma fidelidade ocasionou e ocasiona o martírio ainda hoje, como: Dom Oscar Romeiro, Pe. Josimo, Ir. Dorothy, Ir. Cleusa *(citar outros mártires)*. Há também pessoas que foram martirizadas porque lutavam por uma causa nobre, como: Chico Medes, o indigenista Bruno e o jornalista Dom Phillips.

L1: Paulo não desistiu de sua luta. Ele foi fiel até o fim e nos estimula a sermos fiéis também.

T.: "Combati o bom combate, terminei a corrida, guardei a fé. Desde agora, está reservada para mim a coroa da justiça que o Senhor, o justo Juiz, me dará naquele dia, não somente a mim, mas a todos os que tiverem esperado com amor a sua manifestação" (2Tm 4,7-8).

L2: Jesus deu a vida pelas suas "ovelhas" (Jo 10,11). Ele amou até o extremo (Jo 13,1). Assim também seus seguidores devem perseverar em seus passos. Devem configurar-se a ele, dando a vida no dia a dia, em um processo contínuo de conversão, morrendo para o egoísmo, o ódio e a indiferença.

L1: Devem ser anúncio da Boa Notícia do Reino de Deus, contribuindo com a criação de uma sociedade mais justa e mais fraterna, para que todos tenham vida em plenitude. Foi para isso que Jesus, o Bom Pastor, veio: "Eu vim para que tenham vida, e a tenham em abundância" (Jo 10,10). Assim sendo, iremos de fato viver, testemunhar e perseverar nos passos de Cristo Pastor.

5. Rezando a Palavra de Deus

D.: Neste momento, vamos fazer silêncio e rezar por todas as situações que carecem de cuidados. Em especial, peçamos a graça de viver, testemunhar e perseverar nos passos do Cristo Pastor.

(Momento de silêncio.)

D.: Confiantes, elevemos ao Cristo Pastor nossos pedidos.

(Preces espontâneas.)

T.: Atende-nos, ó Bom Pastor.

6. Vivendo a Palavra

D.: Deixemos que a Palavra de Deus nos interpele.

- Comente a frase: "Para mim, de fato, o viver é Cristo e o morrer, lucro".
- Que significado tem para você "viver, testemunhar e perseverar nos passos de Cristo Pastor"?
- Você conhece alguém que tenha traços que remetem a Cristo? O que mais lhe chama atenção nessa pessoa?

D.: Sugerimos que você escolha um versículo bíblico para meditar até o próximo encontro.

7. Oração final

D.: Chegando ao final do encontro de hoje, rendemos graças a Cristo Pastor, àquele que é fonte de toda a nossa vida e missão

T.: Cristo Pastor, bom e amável, rendemos graças por nos conduzires ao caminho da vida, às belas e boas pastagens. Obrigado por estar sempre conosco, socorrendo-nos em nossas fraquezas, e por ser o grande intercessor, acolhendo as nossas súplicas.

Cristo Pastor, agradecemos-te pelo cuidado hospitaleiro e pastoral. Rogamos-te a proteção e o cuidado divinos, para que possamos caminhar na tua presença e sempre entrar e sair pela porta da salvação.

Jesus Cristo, Bom Pastor, obrigado pelo dia de hoje, pelas graças alcançadas e pelas futuras graças que, em tua misericórdia, receberemos por meio desta novena. Rendemos-te graças também pelas Irmãs de Cristo Pastor e rogamos-te para que o Senhor suscite vocações para esta Congregação e para a Igreja. Amém.

T.: Pai nosso...

D.: Glória ao Pai, ao Filho e ao Espírito Santo.

T.: Como era no princípio, agora e sempre. Amém.

D.: Confiemo-nos à valiosa intercessão de Nossa Senhora Pastora.

T.: Ave, Maria...

D.: Nossa Senhora Pastora.

T.: Rogai por nós.

D.: Estivemos reunidos em nome do Pai e do Filho e do Espírito Santo.

T.: Amém.

Louvado seja Nosso Senhor, Jesus Cristo.

T.: Para sempre seja louvado.

Canto: À escolha.

9º DIA

Celebrar a fé no Cristo Pastor

1. Acolhida

(O dirigente ou o responsável da casa deve acolher os participantes de forma espontânea. Iniciar a novena com um canto. Preparar um ambiente acolhedor que favoreça o espírito de oração: imagem ou figura do Bom Pastor, Bíblia, vela, flores e um cartaz com o tema do dia.)

2. Oração inicial

Dirigente (D.): Deus, fonte e origem de nossa vida e missão, concedei-nos a graça de estarmos reunidos para rezar, como comunidade dos discípulos do Senhor, a novena em honra a Cristo Pastor. Iniciemos nosso encontro invocando a Santíssima Trindade.

Todos (T.): Em nome do Pai e do Filho e do Espírito Santo. Amém.

D.: Pela consagração batismal, tornamo-nos filhos e filhas de Deus. Como irmãos e irmãs em Cristo, somos chamados a manifestar o amor de Cristo Pastor, que foi derramado em nossos corações, pela unção do Espírito Santo.

T.: Cristo Pastor, Refúgio das ovelhas. Só estaremos seguros quando passarmos pela tua Porta, ao som de tua voz e ao toque do teu cajado.

Cristo Pastor, guia-nos na direção correta para alcançarmos o caminho da salvação e da vida plena. Ao te seguir, encontraremos, embora não isentos das cruzes do dia a dia, o conforto, a alegria e a segurança de que tanto necessitamos.

Cristo Pastor, sabemos que podemos contar contigo, pois só tu és o Caminho, a Verdade e a Vida. Sustenta-nos com teu cajado para atravessarmos com segurança os obstáculos. Amparados por ti, alcançaremos a plenitude da vida.

Jesus Cristo, Bom Pastor, tu mesmo disseste que dá a vida por tuas ovelhas. Se for da tua divina vontade, tu que és o grande intercessor junto ao Pai, atende aos nossos pedidos, concedendo-nos a graça que tanto almejamos.

(Apresentar a sua intenção. Momento de silêncio.)

D.: Oremos. Ó Deus Pai, Pastor eterno, por meio de Jesus Cristo, o Cristo Pastor, aproximastes--vos de todos os homens e mulheres e revelastes o vosso amor eterno. Atendei às nossas orações para glória de Jesus Cristo, o vosso Filho, que convosco vive e reina para sempre. Amém.

Canto: À escolha.

3. Lendo a Palavra de Deus (Jo 10,7-15)

L1: "Jesus continuou dizendo: 'Eu garanto a vo-cês: eu sou a Porta das ovelhas. Todos os que vieram antes de mim são ladrões e assaltantes, mas as ovelhas não os ouviram. Eu sou a Porta. Quem entra por mim será salvo. Entrará e sairá e encontrará pastagem. O ladrão só vem para roubar, matar e destruir. Eu vim para que tenham vida, e a tenham em abundância. Eu sou o bom pastor. O bom pastor dá a vida por suas ovelhas. O mercenário, que não é pastor, e as ovelhas não são suas, quando vê o lobo chegar, abandona as ovelhas e sai correndo. Então o lobo ataca e dispersa as ovelhas. O mercenário foge porque trabalha só por dinheiro e não se importa com as ovelhas. Eu sou o bom pastor: conheço minhas ovelhas, e elas me conhecem, assim como o Pai me conhece e eu conheço o Pai. Eu dou a vida pelas ovelhas'".

T.: Graças a Deus.

(Leitura orante silenciosa.)

D.: Quem quiser, poderá citar o versículo que mais lhe chamou a atenção, ou relacionar o texto a outras passagens bíblicas, como: Ez 34,11-22; Mt 18,12-15; Lc 15,3-7.

4. Meditando a Palavra de Deus

D.: O amor de Deus é infinito para com seu povo. Embora tenha pecado, Deus continua amando e cuidando dele. Para assegurar-lhe a segurança, promete dar-lhe pastores segundo o seu coração, que apascentarão com ciência e inteligência (Jr 3,15).

L2: Quando os líderes escolhidos se acovardam na missão de cuidar do povo de Deus e passam a explorá-los (Ez 34,7-8), Deus se irrita e resolve ele mesmo defender e cuidar de seu povo (Ez 34,9-11; Sl 28,9). Como um pastor, recolhe as ovelhas dispersas (Jr 23,1-4), traz em seus braços as ovelhas indefesas e guia suavemente as que estão com dificuldades (Is 40,10-11).

L1: Na plenitude dos tempos, Deus enviou o seu Filho amado, nascido da Virgem Maria, para nos trazer a salvação (Gl 4,4-7). Ele veio para nos libertar do julgo do pecado que nos escraviza e nos conduzir a Deus (Lc 5,24; Mt 11,29).

L2: Jesus veio para fazer a vontade de Deus (Hb 10,9). E a vontade de Deus é que todos sejam salvos (1Tm 2,4). Por isso, Jesus se apresenta como a Porta das ovelhas. Quem entrar por essa porta será salvo e encontrará a felicidade plena (Jo 10,7). Hoje ele continua se apresentando como a Porta, por meio da Igreja, a comunidade de fé.

L1: Jesus adverte contra os falsos pastores, que fazem da missão objeto de interesse pessoal (Jo 10,10a; Ez 34,1-8). Ele se apresenta como o Bom Pastor, um pastor próximo que conhece cada ovelha pelo nome e por elas dá a vida (Jo 10,14), declarando que veio para que tenham vida plena (Jo 10,10b).

L2: Todos nós, de alguma forma, somos "pastores", pois recebemos de Cristo uma missão, seja na pastoral eclesial, seja no seio familiar, e até mesmo no exercício da profissão. É preciso cumprir bem a tarefa confiada, por menor que seja; não podemos negligenciá-la, pois é precioso aos olhos de Deus (Mt 25,14-30). Somos os porteiros de Deus hoje. É preciso convidar as pessoas para adentrar pela porta de Cristo.

L1: Quanto maior for nosso amor a Jesus, o Bom Pastor, maior será as possibilidades de cumprirmos bem a tarefa que ele nos confiou (Jo 21,15-19a). É preciso se entregar a ele, seguir as suas pegadas, pois nele encontraremos conforto e segurança (Sl 45[46],1-3).

L2: Realizar a tarefa confiada é viver a fé em comunidade, assumindo a proposta de sermos uma Igreja em saída, que vai ao encontro de todos, em especial dos mais fracos (Lc 15,37). E preciso sair ao encontro dos que se apartaram do redil do Senhor, levando a eles uma palavra de esperança e de acolhimento.

L1: Como comunidade, celebremos a alegria do encontro, na certeza de que somos assistidos pelo Supremo e Eterno Pastor:

T.: "Felicidade e graça vão me acompanhar todos os dias da minha vida e vou morar na casa do Senhor por muitíssimos anos" (Sl 23[24],1a).

D.: Jesus, o Bom Pastor, quer que a sua obra continue, quer que seu rebanho seja apascentado, como fruto do amor que temos a ele (Jo 21,15-19a). Ele mesmo nos mandou rogar ao Senhor para que envie operários (pastores) para a sua messe (Mt 9,38). Vamos assumir o apelo de Jesus de rezar diariamente pelas vocações, para que a sua Igreja seja edificada constantemente.

5. Rezando a Palavra de Deus

D.: Neste momento, vamos fazer silêncio e rezar por todas as situações que carecem de cuidados. Em especial, peçamos a Jesus, o Bom Pastor, que nos ajude a seguir seus passos no amor, no serviço e no cuidado uns com os outros. Peçamos, também, que o Senhor suscite vocações sacerdotais, religiosas, consagradas para sua Igreja, em especial para as Irmãs de Cristo Pastor.

(Momento de silêncio.)

D.: Confiantes, elevemos ao Cristo Pastor nossos pedidos.

(Preces espontâneas.)

T.: Cristo Pastor, atende-nos.

6. Vivendo a Palavra

D.: Deixemos que a Palavra de Deus nos interpele.

- No Evangelho de São João, Jesus se apresenta como a porta e o Bom Pastor. Que significado têm para você essas imagens?
- Dentre as imagens de Deus como pastor, no Antigo e no Novo Testamento, de qual você mais gosta e por quê?
- O que significa para você viver e celebrar a fé no Cristo Pastor em comunidade?
- Qual é a mensagem central que a novena transmitiu a você?

7. Oração final

D.: Chegando ao final do encontro de hoje, rendemos graças a Cristo Pastor, àquele que é fonte de toda a nossa vida e missão.

T.: Cristo Pastor, bom e amável, rendemos graças por nos conduzires ao caminho da vida, às belas e boas pastagens. Obrigado por estar sempre conosco, socorrendo-nos em nossas fraquezas, e por ser o grande intercessor, acolhendo as nossas súplicas.

Cristo Pastor, agradecemos-te pelo cuidado hospitaleiro e pastoral. Rogamos-te a proteção e o cuidado divinos, para que possamos caminhar na tua presença e sempre entrar e sair pela porta da salvação.

Jesus Cristo, Bom Pastor, obrigado pelo dia de hoje, pelas graças alcançadas e pelas futuras graças que, em tua misericórdia, receberemos por meio desta novena. Rendemos-te graças também pelas Irmãs de Cristo Pastor e rogamos-te para que o Senhor suscite vocações para esta Congregação e para a Igreja. Amém.

T.: Pai nosso...

D.: Glória ao Pai, ao Filho e ao Espírito Santo.

T.: Como era no princípio, agora e sempre. Amém.

D.: Confiemo-nos à valiosa intercessão de Nossa Senhora Pastora.

T.: Ave, Maria...

D.: Nossa Senhora Pastora.

T.: Rogai por nós.

D.: Estivemos reunidos em nome do Pai e do Filho e do Espírito Santo.

T.: Amém.

Louvado seja Nosso Senhor, Jesus Cristo.

T.: Para sempre seja louvado.

Canto: À escolha.

Cantos

Apresentamos a seguir uma lista com sugestões de cantos. No aplicativo de música de sua preferência, poderá encontrar essas e outras lindas canções para enriquecer seu momento de oração.

1. Amigo, que bom que você veio (D.R.)
2. Você que está chegando (D.R.)
3. Salmo 22 – Pelos prados e campinas (Jorge Castillo)
4. Salmo 22 – O Senhor é meu Pastor (Pe. Zezinho)
5. Eis-me aqui, Senhor (Dom Pedro Brito Guimarães e Frei Fabreti)
6. Sou Bom Pastor – Salmo 22 (Ir. Miria Kolling)
7. Te amarei, Senhor (Pe. Zezinho)
8. Tu és a razão da jornada (José Acácio Santana)
9. A ti, meu Deus (Frei Fabreti)
10. Senhor, fazei de mim… (D.R.)
11. Maria da minha infância (Pe. Zezinho)

12. A escolhida (Paulo Cesar)
13. Caminhando com Maria (José Acácio Santana)
14. Maria de Nazaré (Pe. Zezinho)
15. Buscai primeiro (Karen Lafferty)
16. Eu vim para escutar (Pe. Zezinho)
17. Como são belos (Pe. Jonas Abib)

Orações a Cristo Pastor

Oração a Cristo Pastor, pela guarda e cuidado de seu povo

Cristo, o Bom Pastor, agradecemos-te pela assistência que nos dás a cada dia. Sabemos que, em meio às tempestades da vida, tu estás presente. Assim como acalmaste a tempestade para que os teus discípulos não se afundassem nas profundezas do mar, acalma as tempestades das nossas vidas, e não permitas que o nosso barco submerja.

Cristo, Bom Pastor, rogamos-te pela Igreja: Papa, bispos, clérigos, diáconos, consagrados e consagradas, seminaristas, vocacionados e vocacionadas, e pelas famílias. Rogamos também pelas Irmãs de Cristo Pastor, para que concedas a graça da fidelidade e da prosperidade, suscitando vocações para o serviço na Igreja e no mundo.

Cristo Pastor, com teu bastão e teu cajado, sustenta o peso de nossa luta. Consola em nossas angústias, cura nossas feridas, atende às nossas súplicas e guia-nos às boas e belas "pastagens", para assim, junto a ti, encontrarmos a Fonte da água viva, com a qual nunca mais teremos sede, dor ou sofrimento. Amém.

Cristo Jesus, Bom Pastor, cuida de mim

Cristo Jesus, Bom Pastor, que amas e cuidas das ovelhas do teu rebanho, eu, a mais pequenina de todas, venho implorar a tua misericórdia. Sinto-me enfraquecida porque me afastei do teu rebanho e não caminhei com as ovelhas que seguem tua voz e permanecem no teu amor. Longe de ti e de meus irmãos e irmãs de caminhada, passei fome, sede, frio e medo. Arrependido, retorno ao seio da comunidade e necessito de teus cuidados para me recuperar. Sei que és o Bom Pastor e que me carregarás no colo, até que, revigorado, eu possa caminhar com segurança sob teu olhar repleto de amor e bondade. Amém.

Jesus Bom Pastor, Porta das ovelhas

Jesus Bom Pastor, tu que te apresentaste como a Porta das ovelhas (Jo 10,7.9), dá-nos a segurança e a proteção de que precisamos.

Jesus, tu mesmo te apresentaste como o Bom Pastor que veio dar a própria a vida em favor das ovelhas; olha para teus filhos e filhas e dá a todos a vida plena. Em especial, rogamos pelos doentes, os podres, os desempregados e os desabrigados de nossa comunidade.

Jesus, Bom Pastor, suscita em nossa comunidade a diversidade ministerial e vocacional, para que nunca faltem operários para trabalhar na tua messe.

Tu, que conheces profundamente as tuas ovelhas e as chama pelo nome, faz que nós, teu rebanho, não nos desprendamos de teu redil, mas tenhamos coragem e força necessárias para suportar as provações que tentam desviar-nos do teu caminho.

Jesus, Bom Pastor, concede-nos a graça de permanecermos firmes no teu amor. Suscita mais vocações para tua Igreja, para a vida consagrada e sacerdotal. Amém.

Jesus, Pastor, carrega-me nos teus ombros

Jesus, Pastor amado, carrega-me nos teus ombros, como uma ovelha frágil, assustada e, às vezes, confusa diante de tantos caminhos.

Jesus, Bom Pastor, quando eu me desviar de ti e longe eu for por outros caminhos que não os teus, traz-me de volta. Mostra-me a luz, indica-me por onde seguir.

Jesus, Pastor eterno, que eu não fique afastada do rebanho, nem dele excluída, mas, se algum dia me afastar e dele me excluir, faz com que eu retorne para ser conduzida por ti.

Jesus Cristo, Bom Pastor, que eu não seja causa de dispersão, mas de encontro, de unidade, de alegria e de paz. Amém.

Jesus, Bom Pastor, cuida do teu rebanho

Jesus, Bom Pastor, tu que cuidas do teu rebanho para que não se disperse nem seja atacado pelos inimigos, cuida deste grupo, teu pequeno rebanho, para que não se disperse nem seja vencido pelas seduções do mundo.

Jesus, Bom Pastor, tu que és a porta pelo qual o rebanho passa com segurança, faze com que este teu rebanho passe sempre por esta porta, que não busque atalhos nem outras passagens.

Jesus, Bom Pastor, tu que és o Bom e Belo Pastor, que guia e conduz o rebanho para que tenha vida plena, dá a este grupo (Irmãs de Cristo Pastor) vida abundante.

Jesus, Bom Pastor, a alegria do pastor é a multiplicação das ovelhas. Multiplica este "rebanho" (as Irmãs de Cristo Pastor), dando santas, sábias e sadias vocações, para que seja a alegria do Pastor e produza abundantes frutos para ti e para tua Igreja, manifestando teu amor em todos os recantos. Amém.

Deus Pastor, conduzi-nos

Deus, Pastor de Israel, que apascentastes o povo em todos os tempos e lugares, e, nos tempos de crise, mandastes pastores humanos para ajudar no cuidado do rebanho, não vos omitistes nem ficastes alheio à dispersão do povo, por distração dos pastores.

Deus, Pastor da Bíblia, que conduzistes o rebanho a melhores pastagens e buscastes a ovelha perdida, fraca e machucada; que mandastes o vosso Filho, o Bom Pastor, para cuidar do vosso rebanho, amando-o até o fim, suscitai vocações para vossa Igreja, para a vida consagrada (para as Irmãs de Cristo Pastor), para que continuem a vossa obra, conduzindo o rebanho para vosso Filho, o Cristo Pastor. Amém.

Jesus, Bom Pastor, Porta das ovelhas

Jesus, Bom Pastor, Porta das ovelhas, só estaremos seguros quando passarmos pela tua porta, ao som de tua voz e do toque do seu cajado e bastão. Eles nos dão segurança.

Sabemos que podemos contar contigo e seguir a trilha aberta por ti. És tu que te expõe para nos proteger. Tua vida é entrega incondicional. Faze que nós, tuas ovelhas amadas, seguindo teu exemplo, sejamos entrega total ao teu serviço.

Que teu rebanho experimente teu cuidado por meio de nosso cuidado. Que sejamos profetas da esperança, para apontar o caminho que leva a boas e belas pastagens, em direção ao caminho que vem de ti. Amém.

Jesus, Bom Pastor, cuida das minhas feridas (para momentos difíceis)

Jesus, Bom Pastor, venho aqui para te dizer que estou machucado, que minhas feridas sangram, no coração e na alma.

Jesus, Bom Pastor, venho aqui para te dizer que me sinto incompreendido e desvalorizado. Dei o melhor de mim, mas nem mesmo a ovelha mais "pequena" do rebanho, que confiaste aos meus cuidados, ficou do meu lado.

Jesus, Bom Pastor, eu estou triste, preciso dos teus cuidados. Cura as minhas feridas, conforta a minha alma abatida, faz com que ressurja a esperança em meu peito e que eu continue a acreditar.

Jesus, Bom Pastor, que eu saiba acolher a missão que me confiarás, com amor e alegria. Que eu seja capaz de me doar gratuitamente, sem nada esperar em troca, a não ser o teu Reino. Amém.

Quero ficar no redil de Jesus[1]

Jesus, Bom Pastor, eu vim aqui no teu redil para te pedir que me coloques nos teus ombros, pois estou precisando dos teus cuidados. Quero que segures as minhas mãos e me deixes reclinar a cabeça no teu peito, que sussurres baixinho nos meus ouvidos e me faça dormir no teu colo.

Bom Pastor, eu vim aqui porque estou precisando de ti; recolhe-me no teu redil e cuida de mim, para que eu encontre forças para continuar a missão que confiaste a mim.

---

[1] Rezar durante uma angústia, preocupação, crise.

Cristo Pastor, sustenta-me com teu cajado, mostra-me o caminho a seguir, para não me desviar de ti. Chama-me sempre pelo nome e me ajuda a reconhecer, em meio a tantas vozes, a tua voz. Só contigo nada me faltará. Amém.

Nos ombros do Bom Pastor

L.: Ó Jesus, Bom Pastor, quando me sinto fraco e abatido...

T.: Coloca-me nos teus ombros.

L.: Quando me sinto assustado e temeroso...

T.: Coloca-me nos teus ombros.

L.: Quando me sinto inseguro e tenebroso...

T.: Coloca-me nos teus ombros.

L.: Quando me sinto oprimido e desprezado...

T.: Coloca-me nos teus ombros.

L.: Quando me sinto desacreditado e sozinho...

T.: Coloca-me nos teus ombros.

L.: Quando me sinto descartável e desvalorizado...

T.: Coloca-me nos teus ombros.

L.: Quando me sinto com medo de mim mesmo...

T.: Coloca-me nos teus ombros.

L.: Quando ouço o bramido das feras ferozes dentro e fora de mim...

T.: Coloca-me nos teus ombros.

L.: Quando ouço outras vozes que tentam afastar-me de ti…

T.: Coloca-me nos teus ombros.

L.: Quando desabrocha em mim a arrogância e a prepotência…

T.: Coloca-me nos teus ombros.

L.: Quando eu for para longe de ti…

T.: Coloca-me nos teus ombros e me traz de volta, para junto de ti. Amém.

Oração a Nossa Senhora Pastora

Nossa Senhora Pastora, Maria, Mãe amada de Jesus Cristo, o Bom Pastor. Teu exemplo nos motiva a segui-lo, buscando realizar a sua vontade. Ensina-nos, ó Maria, a termos sensibilidade às necessidades do povo, a fim de ajudá-lo a crescer por meio da Palavra de Deus e da oração. Olha para nós, seus filhos e filhas, com compaixão e ternura maternal. Intercede, ó Maria Pastora, para que sigamos sempre os passos de Jesus, o Cristo Pastor, atentos a sua voz, que nos chama e nos envia a manifestar seu amor a toda a humanidade. Roga a Deus, ó Mãe Pastora, para que surjam vocações para sua Igreja e para as Irmãs de Cristo Pastor.

Nossa Senhora Pastora, roga por nós. Amém.

Orações vocacionais

SENHOR DA MESSE E PASTOR DO REBANHO, faz ressoar em nossos ouvidos teu forte e suave convite: "Vem e segue-me". Derrama sobre nós o teu Espírito, para que ele nos dê sabedoria para ver o caminho e a generosidade para seguir tua voz. Senhor, para que a messe não se perca por falta de operários, desperta nossas comunidades para a missão, ensina nossa vida a ser serviço, fortalece os que querem dedicar-se ao Reino na vida consagrada e religiosa. Senhor, que o rebanho não pereça por falta de pastores. Sustenta a fidelidade de nossos bispos, padres, diáconos e ministros. Dá perseverança a nossos seminaristas. Desperta o coração de nossos jovens para o ministério pastoral em tua Igreja. Senhor da messe e Pastor do rebanho, chama-nos para o serviço de teu povo. Maria, Mãe da Igreja, modelo dos servidores do Evangelho, ajuda-nos a responder o "sim". Amém (CNBB).

JESUS, MESTRE DIVINO, que chamaste os apóstolos a te seguirem, continua a passar pelos nossos caminhos, pelas nossas famílias, pelas nossas escolas, e continua a repetir o convite a muitos de nossos jovens. Dá força para que te sejam fiéis como apóstolos leigos, como sacerdotes, como religiosos e religiosas, para o bem do povo de Deus e de toda a humanidade. Amém (São Paulo VI).

DEUS, NOSSO PAI, a vós confiamos os jovens e as jovens do mundo com seus problemas, aspirações e esperanças. Guardai-os com vosso olhar de amor e fazei-os transformadores da paz e construtores de uma sociedade de amor. Chamai-os a seguir Jesus, vosso Filho. Que eles compreendam que vale a pena doar inteiramente a vida por vós e pela humanidade. Concedei-lhes generosidade e prontidão na resposta. Acolhei, Senhor, o nosso louvor e a nossa oração também pelos jovens que, a exemplo de Maria, Mãe da Igreja, acreditaram na vossa Palavra e se preparam para o sacramento da Ordem, para a profissão dos conselhos evangélicos, para o empenho missionário. Ajudai-os a compreender que o chamado que vós destes a eles é sempre atual e urgente. Amém (São João Paulo II).

Ó PAI, fazei com que surjam, entre os cristãos, numerosas e santas vocações a serviço do vosso povo, que mantenham viva a fé e conservem a grata memória do vosso Filho Jesus, pela pregação da sua Palavra. Dai-nos santos ministros do vosso altar, para que sejam atentos e fervorosos guardiões da Eucaristia, o sacramento do supremo dom de Cristo para a redenção do mundo. Chamai ministros da vossa misericórdia, os quais, pelo sacramento da Reconciliação, difundam a alegria do vosso perdão. Fazei, ó Pai, que a Igreja acolha com alegria as numerosas inspirações do Espírito do vosso Filho e, dóceis aos seus ensinamentos, cuide de todas as vocações. Ajudai os bispos, os sacerdotes, os diáconos, as pessoas consagradas e todos os batizados em Cristo, para que cumpram fielmente a sua missão no serviço do Evangelho. Nós vos pedimos por Cristo, nosso Senhor. Amém. Maria, Rainha dos Apóstolos, roga por nós (Papa Bento XVI).

Rua Dona Inácia Uchoa, 62
04110-020 – São Paulo – SP (Brasil)
Tel.: (11) 2125-3500
paulinas.com.br – editora@paulinas.com.br
Telemarketing e SAC: 0800-7010081